AF332301

CATALOGUE

DES LIVRES

DE LA BIBLIOTHÉQUE

DE M.***.

Dont la Vente se fera le Mercredi 9 Septembre 1772, & jours suivans, de relevée, au plus offrant & dernier Enchérisseur en la maniere accoutumée, dans une des Salles des Grands Augustins.

A PARIS;

Chez PISSOT, Libraire, Quay de Conti, à la descente du Pont-Neuf.

M. D CC. LXXII.

CATALOGUE
DES LIVRES
DE LA BIBLIOTHEQUE
DE M.***.

THÉOLOGIE.

Nº. 1 LA Bible, en latin & en françois, avec des explications, par de Sacy. *Paris*, 1728, 32 *vol. in*-8.

2 Commentaire Littéral sur la Bible, inféré dans la traduction fr. avec le texte latin à la marge, par le P. de Carrieres. *Paris*, 1715, 24 *vol. in*-12.

3 N. Testamentum gr. ex edit. Jo. Leusden, *Lugd. Bat.* 1765, *in*-24. *v. f.*

4 Les Visionnaires & les Imaginaires de Nicole. *Liege*, 1667, 2 *vol. in*-12. *v. f.*

5 Sermons du P. Bourdaloue. *Paris, Rigaud*, 1707, 16 *vol. in*-8.

6 Sermons de Massillon, pour l'Avent & le Carême. *Paris*, 1746, 5 *vol. in*-12.

7 Dissertations sur l'existence de Dieu, par Jaquelot. *La Haye*, 1697, *in*-4. *m. bl.*

8 Le Déisme réfuté par lui-même, par M. Bergier. *Paris*, 1765, 2 *vol. in*-12.

A ij

THÉOLOGIE.

9 La Certitude des preuves du Christianisme, par le même. *Paris*, 1767, 2 *vol. in-12.*

10 Apologie de la Religion Chrétienne, par le même. *Paris*, 1769, 2 *vol. in-12.*

11 Ebauche de la Religion Naturelle, par Wolaston, trad. de l'Angl. *La Haye*, 1726, *in-4.*

12 Pensées sur la Religion, trad. de l'Angl. *La Haye*, 1722, 2 *tom. en un vol. in-8.*

13 Hadr. Relandi de Religione Mohammedica libri duo. *Trajecti ad Rhenum*, 1717, *in-8. fig.*

JURISPRUDENCE.

14 Le Droit de la Nature & des Gens, par Puffendorf, trad. par Barbeyrac. *Londres*, 1740, 3 *vol. in-4. v. f.*

15 Principes du droit de la Nature & des Gens, extrait de Wolff, par Formey. *Amst.* 1758, *in-4. v. f.*

16 Traité Philosophique des Loix naturelles, par Cumberland, trad. par Barbeyrac. *Amst.* 1744, *in-4.*

17 Ebauche des Loix naturelles & du Droit primitif, par Strube de Piermont. *Amst.* 1744, *in-4. v. f.*

18 De l'Esprit des Loix, avec la Défense, par M. de Montesquieu. *Amst.* 1749, 4 *vol. in-12.*

SCIENCES ET ARTS.

19 Histoire critique de la Philosophie, par Deslandes. *Londres*, 1742, 3 *vol. in-12.*

20 L. A. Senecæ Philosophi Opera omnia, ex emendat. Lipsii. *Lugd. Bat. apud Elzevirios*, 1640, 3 *vol. in-12. vel.*

21 Boethii de consolatione Philosophiæ, libri V. *Amst.* 1631, *in-32. m. bb.*

22 Caractères de Théophraste. *Amst.* 1744, 2 *vol. in-12.*

23 Le Mentor moderne, trad. de l'Angl. d'Addisson, Steele, &c. *Amst.* 1727, 4 *vol. in-12. m. r.*

24 Le Spectateur, trad. de l'Anglois. *Amst.* 1732, 6 *vol. in-12.*

15 Les Devoirs de l'Homme & du Citoyen de Puffendorff, trad. par Barbeyrac. *Amft.* 1756, 2 *vol. in-*12. *v. f.*

16 Inftitution d'un Prince, par Duguet. *Leide,* 1739, 4 *vol. in-*12.

27 Inftitutions Politiques, par le Baron de Bielféld. *La Haye,* 1760, 2 *tom. en un vol. in-*4. *v. f.*

28 Difcours fur le Gouvernement, par Algernon Sidney, trad. par Samfon. *La Haye,* 1702, 3 *vol. in-*12. *v. f.*

29 Hiftoire Politique du Siécle. *Londres,* 1747, *in-*4.

30 L'Utopie de Th. Morus, trad. par Gueudeville. *Amft.* 1730, *in-*12. *fig.*

31 Dictionnaire Univerfel de Commerce, par Savary. *Paris,* 1741, 3 *vol. in-fol.*

32 Effais de Theodicée fur la Bonté de Dieu, la liberté de l'Homme & l'Origine du Mal, par Leibnitz. *Amft.* 1720, *in-*12. *m. v.*

33 Pfychologie ou Traité fur l'Ame, par Wolf. *Amft.* 1745, *in-*12. *v. f.*

34 De l'Efprit humain, Subftance differente du Corps, Active, Libre, Immortelle. *Bafle,* 1741, *in-*4. *v. f.*

35 Traité Phyfique & Hiftorique de l'Aurore Boréale, par M. de Mairan, deuxiéme édit. *Paris, de l'Impr. Royale,* 1754, *in-*4. *fig. v. m.*

36 C. Plinii fecundi Hiftoria Naturalis *Lugd. Bat. Ex Officina Elzeviriana.* 1635, 3 *vol. in-*12. *l. r. m. r.*

37 Hiftoire Naturelle générale & particuliere, avec la defcription du Cabinet du Roi, par M M. de Büffon & Daubenton. *Paris, de l'Impr. Royale,* 1749, 15 *vol. in-*4. *fig. v. m.*

38 Hiftoire Naturelle générale & particuliere, par M. de Buffon. *Paris,* 1769, 17 *vol. in-*12. *fig.*

39 ....

40 Hiftoire Naturelle de l'Univers, par Colonne. *Paris,* 1734, 4 *vol. in-*12. *fig. v. m.*

41 Le Spectacle de la Nature, par Pluche. *Paris,* 9 *vol. in-*12. *fig.*

42 l'Exiftence de Dieu, démontrée par les merveilles de la Nature, par Nieuwentyt. *Amft.* 1760, *in-*4. *fig.*

43 Introduction à la Philofophie, par s' Gravefande. *Leide,* 1748, *in-*4.

44 Traité général des Élémens du Chant, par M. l'Abbé Lacassagne. *Paris*, 1766, *in-8. v. f.*

45 Memoires Militaires sur les Grecs & les Romains, par Ch. Guischardt. *La Haye*, 1758, 2 *tom.* 1 *vol. in-4. fig.*

46 Description de la Maison de Glace, construite à S. Petersbourg, 1741, *in-4. fig. v. f.*

47 Dictionnaire raisonné des Sciences, des Arts & des Métiers, par une Société de Gens de Lettres. *Paris*, 1751, 24 *vol. in-fol.*

BELLES-LETTRES.

48 DICTIONNAIRE de Trevoux. *Paris*, 1743, 7 *vol. in fol.*

49 Dictionnaire des Proverbes François. *Bruxelles*, 1710, *in-12.*

50 L'Etymologie ou explication des Proverbes françois, par de Bellingen. *La Haye*, 1656, *in-12.*

51 Œuvres de Tourreil. *Paris*, 1721, 4 *vol. in-12.*

52 M. T. Ciceronis Opera. *Lugd. Bat. ex officinâ Elzeviriana.* 10 *vol. in-12. m. r.*

53 Le Theâtre des Grecs, du P. Brumoy. *Paris*, 1749, 6 *vol. in-12. v. f.*

54 Tyrtæi de virtute bellica carminum reliquiæ, Gr. & Lat. *Glasguæ*, 1759, *in-4.*

55 Homeri Ilias & Odyssea. Gr. *Glasguæ*, 1758, 4 *vol. in-fol. v. m. d. f. tr.*

56 Sophoclis Tragædiæ quæ extant Gr. cum notis. *Glasguæ*, 1745, *in-4. v. ecc. d. f. tr.*

57 Callimachi Hymni & Epigramata, *Glasguæ*, 1755, *in-fol. v. m.*

58 Theocriti quæ extant Gr. ex edit. Heinsii *Glasguæ*, 1746, *in-4. v. f. d. f. tr.*

59 Anacreontis Odæ & Fragmenta, Gr. & Lat. cum notis Jo. Corn. de Paw. *Trajecti*, 1732, *in-4. v. f.*

60 Les Poësies d'Anacreon, en Grec, avec la trad. en

vers François, par Gacon. *Paris*, 1754, *in-8. v. f. dor. f. tr.*

61 Virgilius, Horatius, Catullus, Tibullus, Propertius, Juvenalis, Perfius, Phœdrus, Terentius, Lucanus, Salluftius, Q. Curtius, C. Nepos, C. J. Cœfar. *Londini, Brindley*, 1744, 16 tom. en 15 vol. in-12. v. ecc.

62 P. Terentii Comœdiæ, verfibus Italicis redditæ. *Urbini*, 1736, in-fol. fig. v. f. d. f. tr.

63 Les Comédies de Térence, avec la trad. & les remarques de Mad. Dacier. *Roterdam*, 1717, 3 vol. in-8. fig.

64 Di Tito Lucrezio Caro della natura delle cofe libri fei, trad. dal Latino di Alef. Marchetti. (*In Parigi*) 1754, 2 vol. in-8. v. ecc.

65 Lucrece, traduction nouvelle, avec des notes, par M. la Grange. *Paris*, 1768, 2 vol. in-8. v. ecc.

66 Tradution en profe de Catulle, Tibulle & Gallus, par M. de Pezé. *Paris*, 1771, 2 vol. in-8. v. mar.

67 Phœdri Fabulæ, cum notis Hoogftratani. *Amft.* 1701, in 4. fig. m. bl.

68 Phœdri Fabulæ & P. Syri Sententiæ. *Parifiis, ex Typogr. Regia*, 1729, in-16. c. m. d. f. tr.

69 P. Virgilii Maronis Opera per Jo. Ogilvium edita & Sculpturis æneis odornata. *Londini*, 1663, in-fol. lav. r. m. r.

70 ——Idem. Virgilius. *Londini*, 1750, 2 vol. in-8. v. ec. fig.

71 ——Idem, Virgilius. *Edinburgi*, 1755, 2 vol. in-8. v. f. d. f. tr.

72 Les Œuvres de Virgile, trad. par l'Abbé des Fontaines. *Paris*, 1743, 4 vol. in-8.

73 Les Georgiques de Virgile, trad. en vers François, avec des notes, par M. Delille. *Paris*, 1770, in-8. fig. v. ecc. d. f. tr.

74 L'Eneide di Virgilio di Annibal Caro. *In Parigi*, 1760, 2 vol. in-8. pap. d'Holl. fig. d. f. tr.

75 Les Métamorphofes d'Ovide, en lat. & en franç. de la traduction de l'Abbé Banier, avec des explications hiftor. *Paris*, 1767, avec 140 fig. gravées fur les deffeins des meilleurs Peintres, & des Vignettes, 4 vol. in-4. v. f. d. f. tr.

76 Q. Horatii Flacci Opera. *Parifiis ex Typogr. Regia*, 1733, in-16. c. m. mar. bl.

77 Q. Horatii Flacci Opera. *Londini, Æneis tab. incidit Jo. Pine,* 1733, 2 *vol. in-8. m. r.*

78 —— Idem Horatius. *Birminghamiæ, Baskerville,* 1762, *in-12. m. bl.*

79 La Vita & Metamorfoseo d'Ovidio, figurato & abreviato in forma d'Epigrammi, da M. Gabriello Symeoni; con altre Stanze sopra gl' effetti della Luna &c. *In Lyone,* 1584, *in 8. fig. v. f.*

80 Juvenalis & Persii Satyræ. *Londini,* 1744, *in-12. m. r.*

81 D. Junii Juvenalis & A. Persii Flacci Satyræ. *Birminghamiæ, Baskerville,* 1761, *in-4. v. f. d. f. tr.*

82 Varia doctorum piorumq. virorum de corrupto Ecclesiæ Statu Poemata, cum præfatione Mathiæ Flacci Illyrici. *Basileæ,* 1557, *in-8. mar. r. rar.*

83 Theod. Bezæ Poemata Juvenilia. *Edit. de la Tête de mort, in-16. m. c.*

84 Dominici Baudii Amores. *Amst.* 1638, *in-12.*

85 Cent Fables choisies des anciens Auteurs, mises en vers latins par Gabr. Faerne, & trad. par Perrault. *Londres,* 1743, *in-4. fig.*

86 Œuvres de Clement Marot. *La Haye,* 1731, 4 *vol. in 4. v. f.*

87 Les Œuvres de Ronsard. *Paris,* 1632, 2 *vol. in-fol. m. r.*

88 Satyres & autres Œuvres de Regnier, avec des Remarques. *Amst.* 1730, *in-4. v. m.*

89 Les Œuvres de Malherbe, avec les Observations de Menage. *Paris,* 1722, 3 *vol. in-12.*

90 Le Vilebrequin de Me. Adam. *Paris,* 1663, *in-12. v. f. d. f. tr.*

91 Œuvres de J. de la Fontaine. *Anvers,* 1726, 3 *vol. in-4. gr. pap. v. f.*

92 Fables de la Fontaine. *Paris,* 1745, *in-12. m. r.*

93 Œuvres de Boileau, données par de Saint-Marc. *Paris,* 1747, 5 *vol. in-8. fig. v. f. d. tr.*

94 Œuvres de J. B. Rousseau. *Amst.* 1726, 4 *vol. in-12.*

95 La Henriade de M. de Voltaire. *Londres,* 1728, *in-4. fig.*

96 La nouvelle Zelis au Bain, Poëme. *Genéve (Paris).* —— Les Tourtelelles de Zelmis. —— L'Isle merveilleuse, Poëme. *Ibid.* 1768, *in-8. fig.*

97 Mes Fantaisies, par M. Dorat. *Paris*, 1768, *in-8.*

98 Selim & Selima, Poëme imité de l'Allemand, suivi du Rêve d'un Musulman. *Paris*, 1769. —— Le Pot-pourri. *Paris*, 1764. —— Lettre d'Ovide à Julie ; 1767. —— Lettre de Barnevelt. *Paris*, 1763. —— Lettre d'Alcibiade à Glicere. *Ibid.* 1764. —— Suite de Bagatelles anonymes. *Ibid.* 1767, *in-8. fig.*

99 Le Nouveau Théâtre François. *Utrecht*, 1745, 7 *vol. in-12. m. r.*

100 Œuvres de P. & T. Corneille. *Amst.* 1723 & 1740, 10 *vol. in-12. fig. v. ecc. & m. r.*

101 Œuvres de Moliere. *Amst.* 1735, 4 *vol. in-11. fig. m. r.*

102 Théâtre de Boursault. *Amst.* 1721, 2 *vol. in-12. fig. m. bl.*

103 Théâtre de Montfleury. *Paris*, 1739, 3 *vol. in-12.*

104 Œuvres de J. Racine. *Londres, Tonson*, 1723, 2 *vol. in-4. fig.*

105 —— Les mêmes. *Amst.* 1743, 3 *vol. in-12. fig. m. r.*

106 Œuvres de Campistron. *Amst.* 1698, *in-12. fig. m. bl.*

107 Œuvres de Regnard. *Paris*, 1742, 4 *vol. in-12.*

108 Théâtre d'Hauteroche. *Paris*, 1742, 3 *vol. in-12.*

109 Théâtre de le Grand. *Paris*, 1742, 4 *vol. in-12. v. f. d. f. tr.*

110 Théâtre de Baron. *Paris*, 1746, 2 *vol. in-12. v. m. d. f. tr.*

111 Théâtre de Poisson. *Paris*, 1743, 2 *vol. in-12.*

112 Théâtre de Champmeslé. *Paris*, 1735, 2 *vol. in-12.*

113 Théâtres de Brueys & Palaprat. *Paris*, 1755, 4 *vol. in-12.*

114 Théâtre de Dancourt. *Paris*, 1742, 8 *vol. in-12.*

115 Œuvres d'Autereau. *Paris*, 1749, 4 *vol. in-12. v. f. d. f. tr.*

116 Théâtre de le Sage. *Paris*, 1739, 2 *vol. in-12.*

117 Œuvres de du Fresny. *Paris*, 1747, 4 *vol. in-12.*

118 Œuvres de Crebillon. *Paris, de l'Impr. Royale*, 1750, 2 *vol. in-4. v. ecc. d. f. tr.*

119 Théâtre de Destouches. *Paris*, 1745, 5 *vol. in-12.*

120 Œuvres de Piron, *Paris*, 1758, 3 *vol. in-12. fig.*

121 Diogêne à la Campagne, Comédie. *Genève*, 1758.

—Sur le fort de la Poésie, par M. Chabanon. *Paris*, 1764.—Spartacus, par M. Saurin. *Paris*, 1769.—Beverlei, par le même. *Ibid.* 1768.—Le Royaume mis en Interdit, Tragédie, *in-8.*

122 La jeune Indienne, Comédie, par M. de Chamfort. *Paris*, 1764.—Les Faufses Infidélités, Comédie, par M. Barthe. *Paris*, 1768.—Repsima, efsai d'une Tragédie domeftique. *Lauzanne*, 1767.—Annette & Lubin, *Paris*, 1762.—Les Moifsonneurs, Comédie, par M. Favart. *Paris*, 1768.—La Guirlande. *Rouen*, 1757, *in-8.*

123 Eugenie, par M. de Beaumarchais. *Paris*, 1767.—Les Orphelins. 1767.—Les Faufses Infidélités, par M. Barthe. 1768.—Silvain, par M. Marmontel, 1770.—Les Moifsonneurs, par Favart. 1768.—Alix & Alexis. *Paris*, 1769, *in-8.*

124 Arminius, Tragédie, par M. Bauvin. *Paris*, 1769.—Le Siége de Calais, Tragedie, par M. de Belloy. *Ibid.* 1765.—Marcellus ou les Perfécutions, Tragédie. *Yverdon*, 1745.—Narcifse, Comédie, par J. J. Roufseau. *Paris*, 1753, *in-8.*

125 Euphémie, ou le Triomphe de la Religion, Drame, par M. d'Arnaud. *Paris*, 1768, *in-8.*

126 Fayel, Tragédie, par M. d'Arnaud. *Paris*, 1770.—Anne Bell, histoire angloife, par le même. *Ibid.* 1769.—Le Comté de Comminge, par le même. *Ibid.* 1768, *in-8. fig.*

127 Fayel, Tragédie, par M. d'Arnaud. *Paris*, 1770.—Anne Bell, histoire angloife, par le même. *Paris*, 1769.—Le Deferteur, par M. Mercier, *Paris*, 1770.—Clary, histoire angloife, par M. d'Arnaud. *Paris*, 1769, *in-8. fig.*

128 Gabrielle de Vergy, Tragédie, par M. de Belloy.—Le Fabricant de Londres, par M. de Falbaire.—Eugénie, par M. de Beaumarchais.—Les deux Amis, ou le Négociant de Lyon, par le même. *Paris*, 1770, *in-8. fig.*

129 Les deux Reines, Drame héroique en cinq actes, fuivie de Sylvie & de Moleshoff. *Paris*, 1770.—Argillan, ou le fanatifme des croifades, Tragédie, par M. Fontaine. *Paris*, 1769.—Jenneval, ou le Barnevelt françois, Drame, par M. Mercier. *Ibid.* 1769, *in-8. fig.*

130 Theâtre Italien, de Gherardi, avec le nouveau Theâtre Italien & Fr. *Paris*, 1717, 9 *vol. in-12.*

131 Le Theâtre de la Foire. *Paris*, 1737, 10 *vol. in-12. fig.*

132 Opere Burlefche di Fr. Berni, di Giov. della Cafa, del Varchi, Molza, Mauro, Bino, Dolce, Firenzuola &c. *In Firenze, Giunta*, 1530, *& in Venetia Ciglio*, 2 *tom. en* 3 *vol. in-8. v. f.*

133 Tutte le Opere di Dante Alighieri, con annotazioni. *In Venezia*, 1757, 5 *vol. in-4. gr. pap. fig. v. f. d. f. tr.*

134 Il Petrarca. *In Venetia*, 1610, *in-24. m. r.*

135 Orlando Furiofo di Lod. Ariofto. *In Lyone, Roviglio*, 1570, *in-16. fig. m r.*

136 L'Amadigi di Bernardo Taffo. *In Venetia*, 1581, *in-4. v. m. d. f. tr.*

137 Rime di Torquato Taffo. *In Venetia*, 1608, 6 *vol. in-12. l. r. vel.*

138 Gierufalemme Liberata di Torquato Taffo. *In Amft. Elzevier.* 1678, 2 *vol. in-16. fig. de le Clerc.*

139 La Gerufalemme Liberata di Torquato Taffo, con le figure di Piazzetta. *In Venezia*, 1745, *in-fol. gr. pap. v. f. d. f. tr.*

140 Aminta di Taffo. *In Amft. Elzevir.* 1678, *in-16. fig. di le Clerc.*

141 Arcadia di Jac. Sannazaro, con le annotat. di Thomafo Porcacchi, *In Venetia*, 1591.——Alceo favola pefcatoria di Antonio Ongaro. *Ibid.* 1592.——Il Theforo, Comedia di Luigi Groto. *Ibid.* 1586, *in-16. m. r.*

142 Opere poetiche di Batt. Guarini. *In Venetia*, 1621, *in-24.*

143 Il Paftor fido di Guarini. *In Londra*, 1728, *in-4.*

144 Filli di Sciro favola paftorale di Bonnarelli. *In Amft. Elzevier.* 1678, *in-16. fig. di le Clerc.*

145 Opere del Cavalier Marino, le rime la fampogna, la Murtoleide, la Lira, il Padre Nafo, l'Adone. *In Venetia*, 1652, *& in Parigi*, 1656, 7 *vol. in-12. m. r.*

146 La Secchia Rapita, Poema eroicomico di Alef. Taffoni. *In Parigi*, 1766, 2 *vol. in-8. fig. v. f. d. f. tr.*

147 Comedie di Lod. Ariofto, la Lena, il Negromante, la Caffaria. *In Vinegia*, 1536, *in-8. v. f.*

148 Poesie Drammatiche di Apostolo Zeno. *Venetia*, 1744, 10 *vol. in-*8. *v. f.*

149 Poesie di Pietro Metastasio. *Parigi*, 1755, 10 *vol. in-*8. *v ecc. le dixiéme bl.*

150 Le Théâtre Anglois, par M. de la Place. (*Paris*,) 1749, 8 *vol. in-*12.

151 Explication Historique des Fables, par Banier. *Paris*, 1715, 3 *vol. in-*12.

152 Œuvres de Rabelais, avec les remarques de le Duchat & les fig. de Picart. *Amst.* 1741, 3 *vol. in-*4. *m. r.*

153 Le Tredeci piacevoli notte di Fr. Straparola. In *Venetia*, 1586, 2 *vol. in-*8. *v. f.*

154 Democritus ridens. *Amst.* 1655, *in-*12.

155 Il Decamerone di Giov. Boccaccio. In *Vinegia*, 1550, *in-*4. *v. f.*

156 Contes & Nouvelles de Bocace, avec les fig. de Romain de Hooge. *Cologne*, 1702, 2 *vol. in-*8. *v. f. d. s. tr.*

157 Ameto del Boccaccio. *In Firenze*, 1529, *in-*12 *v. f.*

158 Laberinto d'Amore di Giov. Boccaccio. *in Vinegia*, 1575, *in-*12. *m. bl.*

159 L'Amorosa Fiametta di Giov. Boccaccio. *In Vinegia*, 1575, *in-*12. *m. c.*

160 Novelle di Bandello. *In Londra*, 1740, 4 *vol. in-*4. *gr. pap. m. bl.*

161 Cento novelle Scelte da piu nobili Scrittori della lingua Volgare, di Fr. Sansovino. *In Venegia*, 1566, *in-*4. *fig. m. r. rar.*

162 Les Cent Nouvelles nouvelles, avec les fig. de Romain de Hooge. *Cologne*, 1701, 2 *vol. in-*8.

163 Jo. Barclaii Argenis, cum Clave. *Lugd. Bat. ex officina Elzevir.* 1630, *in-*12. *v. f.*

164 Les Amours Pastorales de Daphnis & Chloé, avec les fig. du Régent. *Paris*, 1718, *in* 8. *m. bl.*

165 Amours de Theagenes & Chariclée. *Paris*, 1743, 2 *tom. en un vol. in-*12. *fig. v. f.*

166 Les Aventures de Telemaque, par de Fenelon. *Paris*, 1740, 2 *vol. in-*12. *fig.*

167 Œuvres de Mad. de Villedieu. *Paris*, 1740, 12 *vol. in-*12.

168 Histoire de Marguerite de Valois Reine de Navarre. *Amst.* 1739, 4 *tom. en* 2 *vol. in-*12.

169 Les Tableaux suivis de l'Histoire de Mlle. de Siane &
du Comte de Marcy. *Paris*, 1771. ——Lettre d'Ovide
à Julie, *Ibid.* 1767. ——Gabrielle d'Estrées à Henry
IV. par M. Poinsinet. *Idid.* 1767, *in-8. fig.*

170 Histoire de Giblas de Santillane, par le Sage. *Paris*,
1747, 4 *vol. in-12. fig.*

171 Histoire de Dom Quichotte. *Amst.* 1700, 5 *vol. in-12.
fig. m. r.*

172 Les Principales Aventures de Don Quichotte, repré-
sentées en figures par Coypel, Picart & autres. *La Haye*,
1746, *in-4. v, m.*

173 Les Mille & une Nuits, trad. par Galland. *Paris*,
1747, 6 *vol. in-12.*

174 Les Mille & un Jours, Contes Persans, trad. par
Petis de la Croix. *Utrecht*, 1732, 5 *vol. in-12.*

175 Les Mille & une Heures, Contes Peruviens. *Amst.*
1723, 2 *vol. in-12.*

176 Traité des Etudes, par Rollin. *Paris*, 1736, 5 *vol.
in-12.*

177 Petrone Lat. & Fr. par Nodot; 1709, 2 *vol. in-8.
fig.*

178 Il Divortio Celeste, il Corriero Svaligiato, Bacci-
nata, le rete di Vulcano &c. di Ferrante Pallavicino.
In Villa Franca, 1666, 2 *vol. in-12. v. f.*

179 L'Eloge de la Folie, trad. d'Erasme, par Gueude-
ville. (*Paris*), 1751, *in-4. fig. v. ecc. d. f. ir.*

180 Le Chef-d'œuvre d'un Inconnu. *La Haye*, 1732, 2
vol. in-12.

181 Asolani di Pietro Bembo. *In Venegia*, Aldo. 1515.
in 8.

182 Ragguagli di Parnasso di Boccalini. *In Amst.* 1669,
2 *vol. in-12.*

183 Adagiorum Erasmi Epitome. *Amst. Elzevir.* 1650,
v. ecc.

184 Lucien de la trad. de Perrot d'Ablancourt. *Amst.*
1709, 2 *vol. in-8. fig.*

185 Essais de Montaigne. *La Haye*, 1727, 5 *vol. in-12.
v. f.*

186 Les Œuvres de Scaron. *Amst.* 1697, 10 *vol. in-12.
fig. v. f.*

187 Œuvres de Saint-Evremond. *Paris*, 1753, 12 *vol.
in-12. v. f.*

188 Œuvres diverses de Cyrano de Bergerac. *Amst.*
　1710, 2 *vol. in-12. fig. m. bl.*

189 Les Œuvres de Saint Réal. *Paris*, 1745, 3 *vol. in-4.*

190 Œuvres de Fontenelle, avec des fig. de Picart. *La*
　Haye, 1728, 3 *vol. in-fol.*

191 Œuvres de Fontenelle. *Paris*, 1742, 6 *vol. in-12.*
　v. f.

192 Recueil de Piéces choisies, tant en vers qu'en prose,
　donné par la Monnoye. *La Haye*, 1714, 2 *vol. in-8.*

193 Opere di Giovani della Casa. *In Firenze*, 1707,
　in-4. m. r.

194 Œuvres de Pope, trad. de l'Anglois. *Amst.* 1754,
　6 *vol. in-12. fig. v. f.*

195 Quatre Dialogues faits à l'imitation des Anciens, par
　Orasius Tubero (la Mothe le Vayer). *Francfort*, 1606,
　in-4. m. bl.

196 C. Plinii Cœcilii secundi Epistolæ & Panegyricus. *Lugd.*
　Bat. ex officina Elzeviriana, 1640, *in-12.*

197 Epistolæ obscurorum virorum. *Londini*, 1710, *in-12.*
　v. f. d. s. tr.

198 Lettres de Boursault. *Paris*, 1738, 3 *vol. in-12.*

199 Lettres de Guy Patin. *La Haye*, 1707, 5 *vol. in-12.*

200 Lettres de Mad. de Sévigné. *Paris*, 1738, 6 *vol.*
　in-12.

201 Lettres Juives, par le Marquis d'Argens. *La Haye*,
　1738, 6 *vol. in-12.*

202 Lettere di Pietro Bembo. *In Vinegia*, 1575, 2 *vol.*
　in-8.

HISTOIRE.

203 Dictionnaire Géographique de la Martiniere. *La*
　Haye, 1730, 10 *tom. en 9 vol. in-fol.*

204 Voyage autour du Monde, par George Anson. *Amst.*
　1749, *in-4. fig.*

205 Relations de divers Voyages curieux, par Melchisedec
　Thevenot. *Paris*, 1696, 2 *vol. in-fol. fig.*

206 Voyage d'Italie de Misson. *Paris*, 1743, 4 *vol. in-12.*
　fig.

207 Voyages de Dumont en France, en Italie, à Malthe, en Turquie, &c. *La Haye*, 1696, 4 *vol. in-12. fig.*

208 Voyages du P. Labat en Espagne & en Italie. *Amst.* 1731, 8 *tom.* en 4 *vol. in-12.*

209 Voyages de Pietro della Vallé. *Paris*, 1745, 8 *vol. in-12.*

210 Voyage du Levant, par Tournefort. *Lyon*, 1717, 3 *vol. in-8. fig.*

211 Voyages de Corneille le Bruyn. *Rouen*, 1725, 5 *vol. in-4. fig.*

212 Voyages de Chardin en Perse & autres lieux de l'Orient. *Amst.* 1735, 4 *vol. in-4. fig. v. m.*

213 Voyages de la Motraye en Europe, Asie & Afrique. *La Haye*, 1727, 3 *vol. in-fol. fig. v. f.*

214 Journal d'un Voyage fait aux Indes Orientales. *La Haye.* 1721, 3 *vol. in-12.*

215 Voyage de Des Marchais en Guinée, Isles voisines & à Cayenne. *Amst.* 1731, 4 *vol. in-12. fig. v. f.*

216 Voyage de Coreal aux Indes Occidentales, avec une Relation de la Guiane. *Amst.* 1722, 3 *vol. in-12. fig.*

217 Les Aventures du Chevalier de Beauchene, rédigées par le Sage. *Paris*, 1732, 2 *vol. in-12.*

218 Voyage historique de l'Amérique Méridionale, par Don George Juan & D. Ant. de Ulloa. *Amst.* 1752, 2 *vol. in-4. fig. v. f.*

219 Voyage fait dans l'intérieur de l'Amérique Méridionale, par M. de la Condamine. *Paris*, 1745, *in-8. v. f.*

220 Tablettes chronologiques de l'Histoire Universelle, par l'Abbé Lenglet. *Paris*, 1744, 2 *vol. in-8.*

221 L'Antiquité des Tems rétablie & défendue, par Pezron. *Paris*, 1704, *in-12.*

222 Justinus cum notis Vossii. *Lugd. Bat. ex officina Elzeviriana*, 1640, *in-12. vel.*

223 Discours sur l'Histoire universelle, par Bossuet. *Paris, Cramoisy*, 1682. Avec la continuation. *Amst.* 1714, 3 *vol. in-12. v. f. d. s. tr.*

224 Introduction à l'Histoire générale & politique de l'Univers, par Puffendorf. *Amst.* 1732, 9 *vol. in-12. v. f.*

225 Histoire Universelle d'une Société de Gens de Lettres, trad. de l'Anglois. *Amst.* 1742, 32 *vol. in-4.*

226 Essay sur l'Histoire générale & sur les Mœurs & l'Esprit

des Nations, depuis Charlemagne jufqu'à nos jours, par
M. de Voltaire. *Genéve*, 1756, 7 *vol. in-8.*

227 Hiftoire générale Civile, Naturelle, Politique & Re-
ligieufe de tous les Peuples du Monde, par M. l'Abbé
Lambert. *Paris*, 1750, 15 *vol. in-12.*

228 Hiftoire univerfelle de Daubigné. *Maillé*, 1616, 3
tom. en 2 *vol. in-fol. l. r.*

229 Hiftoire du Peuple de Dieu, depuis fon origine juf-
qu'à la fin de la Synagogue. *Paris*, 1736 & 1753, 18
vol. in-12.

230 Abregé de l'Hiftoire de l'Ancien Teftament, par Me-
zangui. *Paris*, 1735, 10 *vol. in-12.*

231 Hiftoire Eccléfiaftique de l'Abbé Racine. *Cologne*,
1752, 13 *vol. in-12.*

232 Lettres, Anecdotes & Mémoires hiftoriques du Nonce
Vifconti, en Ital. & en Franç. *Amft.* 1719, 2 *vol.
in-12. v. f.*

233 Conclavi de' Pontefici Romani; 1668, *in-12. vel.*

234 Hiftoire des Papes. *La Haye*, 1732, 5 *vol. in 4.*

235 La Vie du Pape Alexandre VI. & de fon fils Cefar
Borgia, trad. de l'Angl. de Gordon. *Amft.* 1732, 2
vol. in-12. v. ecc.

236 Vita di Sixto V. da Gregorio Leti. *Amft.* 1722, 3
vol. in-8. fig. v. f.

237 Il Cardinalifmo di S. Chiefa; 1668, 3 *vol. in-12.*

238 Il Nipotifmo di Roma, o vero relatione delle rag-
gioni che muovono i Pontefici all' aggrandimento de'
Nipoti; 1667, 2 *vol. in-12.*

239 Relatione della Corte di Roma, di Girolamo Luna-
doro: col Maeftro di Camera di Fr. Settini, e Roma
ricercata nel fuo Sito di Martinelli. *In Venezia*, 1764,
in-16.

240 Hiftoire des Ordres Monaftiques. 1751, 2 *vol. in-12.*

241 Hiftoires de D. Inigo de Guipufcoa, avec l'Anti-
Coton. *La Haye*, 1738, 2 *vol. in-12.*

242 Hiftoire de l'Abbaye de Port-Royal. *Cologne*, 1752,
6 *vol. in-12.*

243 Hiftoire des variations des Eglifes Proteftantes,
par Jacq. Benigne Boffuet. *Paris*, 1688, 2 *vol. in-4.*
v. f.

244 Ceremonies & Coutumes Religieufes de tous les

Peuples du monde, représentées par des figures, des-
finées par B. Picart, avec une explication hiſtorique.
Amſt. 1737, 7 vol. *in-fol. fig.*

245 Hiſtoire de Malte, par l'Abbé de Vertot. *Paris,*
1726, 4 vol. *in-4. gr. pap. fig.*

246 Hiſtoire des Juifs de Joſeph, trad. par Arnauld
d'Andilly. *Bruxelles,* 1701, 5 vol. *in-8. fig.*

247 Hiſtoire des Juifs de Prideaux. *Paris,* 1732 6 vol.
in-12. gr. pap. fig. v. m.

248 Hiſtoire Ancienne de Rollin. *Paris,* 1740. 14 vol.
in-12.

249 La Cyropédie de Xenophon, trad. par Charpentier.
Paris, 1749 2 vol. *in-12.*

250 Pauſanias, ou Voyage hiſtorique de la Grece, trad.
avec des remarques par l'Abbé Gedoyn. *Paris,* 1731,
2 vol. *in-4. fig.*

251 Titi Livii hiſtoriarum libri, ex recenſ. Heinſii. *Lugd.*
Bat. ex Officina Elzeviriana. 1634, 3 vol. *in-12. m.*
r. d. de m.

252 Titus Livius, ex edit. Rudimanni. *Edinburgi,* 1764,
4 vol. *in-12. v. m. f. d.*

253 L. An. Florus, ex edit. Maittaire. *Londini, Tonſon,*
1715, *in-8. e. m. v. f.*

254 M. Vell. Paterculus, ex edit. Maittaire. *Londini,*
Tonſon, 1718, *in-8. c. m. v. f.*

255 Eutropius. *Pariſiis,* 1746, *in-12. d. f. tr.*

256 Hiſtoire Romaine de Rollin & Crevier. *Paris,* 1739,
16 vol. *in-12.*

257 Hiſtoire de Polybe, trad. par D. Vincent Thuillier,
avec un commentaire par de Folard. *Paris,* 1727 6 vol.
in-4. fig. v. f.

258 Salluſtius cum notis Varior, ex recenſione Thyſii.
Lugd. Bat. 1654, *in-8.*

259 C. J. Cæſaris & A. Hirtii de rebus a Cæſare geſtis
Commentarii, ex recenſ. Sam. Clarke. *Glaſguæ,* 1750,
3 vol. *in-12. pap. f. v. f.*

260 Hiſtoire des Empereurs, par Crevier. *Paris,* 1749,
12 vol. *in-12.*

261 Hiſtoire de Conſtantinople, par Couſin. *(Holl.)*
1685, 11 vol. *in-12.*

262 Hiſtoire des Guerres d'Italie, trad. de Guichardin.
Paris, 1738, 3 vol. *in-4. v. f.*

263 Dell' Iftoria Civile del regno di Napoli libri XL.
   fcriti da Pietro Giannone. *In Napoli*, 1723, 4 *vol.*
   in-4. v. f.

264 Opere poftume del medefimo Giannone. *In Laufanna*,
   1760, *in-4.*

265 Hiftoire du Gouvernement de Venife, par Amelot
   de la Houffaye. *Amft.* 1705, 3 *vol. in-12. fig.*

266 Hadriani Valefii notitia Galliarum. *Parifiis*, 1675,
   in-fol.

267 Les Rivieres de France, par Coulon. *Paris*, 1644,
   x vol. in-8. v. f.

268 Defcription de la France, par Piganiol de la Force.
   Paris, 1722, 8 *vol. in-12. fig. v. f.*

269 Etat de la France, par le C. de Boulainvilliers.
   Londres, 1737, 6 *vol. in-12.*

270 Hiftoire critique de l'etabliffement de la Monarchie
   françoife dans les Gaules, par l'Abbé Dubos. *Paris*,
   1742, 4 *vol. in-12.*

271 Hiftoriæ Francorum fcriptores Coætanei, Opera
   Andreæ Duchefne. *Parifiis*, 1636 5 *vol. in-fol.*

272 Les Grans Croniques de France. *Paris*, 1514, 3
   tom. en 2 vol. in-fol. goth.

273 Hiftoire de France, de Mezeray. *Paris*, *Guillemot*,
   1646 3 *vol. in-fol.*

274 Abregé chronologique de l'Hiftoire de France, par
   Mezeray, avec l'avant Clovis. *Amft.* 1673, 7 *vol. in-12.*

275 Hiftoire de France, de Chalons. *Paris*, 1741, 3
   vol. in-12.

276 Hiftoire des Révolutions de France, par de la
   Hode. *La Haye*, 1738, 4 *vol. in-12.*

277 Abregé chronologique de l'Hiftoire de France. par
   le Préfident Henault. *Paris*, 1768, 3 *vol. in-8.*

278 Jac. Augufti Thuani hiftoria fui temporis. *Londini*,
   1733, 7 *vol. in-fol.*

279 Hiftoria delle Guerre Civili di Francia, di Henr.
   Caterino Davila. *In Londra*, 1755, 2 *vol. in-4. gr.*
   pap. v. m.

280 Hiftoire de Charles V. par l'Abbé de Choify. *Paris*,
   1689, *in-4.*

281 Anciens Memoires du quatorziéme fiécle, depuis
   peu découverts, où l'on apprendra les aventures les
   plus furprenantes de la vie du fameux Bertrand du

Guesclin, trad. par le Febvre. *Douay*, 1692, *in*-4.

282 Memoires de Philippe de Commines. *Leide, Elzevier*, 1648, *in*-12. *m. r.*

283 Histoire de Louis XI. par Duclos. *Paris*, 1745, 3 *vol. in*-8.

284 Lettres de Louis XII. & du Cardinal d'Amboise. *Bruxelle*, 1712, 4 *vol. in*-12.

285 Memoires pour servir à l'Histoire de France, par de l'Etoile. *Cologne*, 1719, 2 *vol. in*-8. *fig.*

286 Legende de Dom Claude de Guyse, 1581, *in*-8. *v. f. d. s. tr.*

287 La Legende de Charles Cardinal de Lorraine & de ses freres, par Fr. de l'Isle. *Reims*, 1576, *in*-8. *v. f. d. s. tr.*

288 Journal du Règne de Henry IV. par P. de l'Etoile. *La Haye*, 1741, 4 *vol. in*-8. *v. f.*

289 Mémoires ou Œconomies Royales d'Etat, Domestiques, Politiques & Militaires de Henry le Grand, par le Duc de Sully. *Paris*, 1663, 8 *vol. in*-12.

290 Mémoires de Sully. *Paris*, 1745, 3 *vol. in*-4.

291 Mémoires de Sully, avec des Remarques par l'Abbé de l'Ecluse. *Paris*, 1745, 8 *vol. in*-12.

292 Mémoires de Philippes de Mornay; 1624 & 1652, 4 *vol. in*-4.

293 Négociations du Président Jeannin. *Paris*, 1656; *in-fol. v. f.*

294 Lettres du Cardinal d'Ossat, avec les notes d'Amelot de la Houssaie. *Paris*, 1698, 2 *vol. in*-4.

295 Les Aventures du Baron de Fœneste, par d'Aubigné. *Cologne*, 1729, 2 *tom. en un vol. in*-8.

296 Mémoires d'Etat de Villeroy. *Amst.* 1723, 7 *vol. in* 12. *v. f.*

297 Histoire de la Mere & du Fils, par Mezeray. *Amst.* 1730, 2 *vol. in*-12. *v. f.*

298 Histoire du Ministere du Cardinal de Richelieu, avec son Journal. *Amst.* 1664, 4 *vol. in*-12.

299 La Vie du Cardinal de Richelieu, par le Clerc. *Amst.* 1714, 3 *vol. in*-12. *v. f.*

300 Cruels effets de la vengeance du Cardinal de Richelieu, ou Histoire des Diables de Loudun. *Amst.* 1716, *in*-12. *m. r.*

301 Le Véritable Pere Joseph, Capucin, nommé au Cardinalat. *S. Jean de Maurienne*, 1704, *in*-12. *v. f.*

302 Hiſtoire du Régne de Louis XIV. par Reboulet. *Avignon*, 1744, 3 *vol. in-4.*

303 Mémoires de Mlle. de Montpenſier. *Anvers*, 1730, 7 *vol. in-12.*

304 Mémoires du Card. de Retz, avec ceux de Joly. *Nancy*, 1717, 5 *tom. en 4 vol. in-12.*

305 Hiſtoire des Démêlés de la Cour de France avec la Cour de Rome, au ſujet de l'Affaire des Corſes, par Regnier Deſmarais. 1707, *in-4.*

306 Mémoires de Talon. *La Haye*, 1732, 8 *vol. in-12.*

307 Hiſtoire Militaire de Flandre, par le Chevalier Beaurain. *Paris*, 1755, 3 *vol. in-fol. fig.*

308 Mémoires de Torcy. (*Paris*), 1756, 3 *vol. in-12.*

309 Mémoires de Feuquieres. *Amſt.* 1735, 3 *vol. in-12. v. f.*

310 Mémoires de Mad. de Moteville. *Amſt.* 1750, 6 *vol. in-12.*

311 Médailles de Louis le Grand. *Paris, de l'Impr. Royale,* 1723, *in-fol. v. ecc. d, f. tr.*

312 Antiquités de la Ville de Paris, par Mallingre. *Paris*, 1740, *in-fol.*

313 Deſcription de Paris, Verſailles, &c. par Piganiol de la Force. *Paris*, 1742, 8 *vol. in-12. fig.*

314 Hiſtoire générale du Languedoc, par D. Vaiſſette. *Paris*, 1730, 5 *vol. in-fol. m. r.*

315 Hiſtoire Généalogique de la Maiſon de France, des Pairs & Grands Officiers de la Couronne, par le P. Anſelme. *Paris*, 1726, 9 *vol. in-fol.*

316 Hiſtoire de la Milice Françoiſe, par le P. Daniel. *Paris*, 1721, 2 *vol. in-4. fig.*

317 Les Œuvres de Paſquier. *Amſt.* (*Trevoux*), 1723, 2 *vol. in-fol.*

318 Fr. Hotomani Francogallia; 1573, *in-8. v. f.*

319 Lettres hiſtoriques ſur les fonctions eſſentielles du Parlement, ſur le droit des Pairs, &c. *Amſt.* 1753, 2 *vol. in-12.*

320 Hiſtoire de la Pairie de France & du Parlement de Paris. *Londres*, 1740, *in-12. v. f.*

321 Hiſtoire de l'Empire, par Heiſſ. *Paris*, 1731, 10 *vol. in-12. v. f.*

322 Hiſtoria delle Guerre della Germania inferiore di Jer. Coneſtaggio. 1634, *in-8.*

323 Della Guerra di Fiandra defcritta dal Cardinal Bentivoglio. *In Colonia*, 1635, 3 vol. *in*-8. v. f. d. f. tr.

324 Lettres & Négociations de Jean de Witt. *Amft.* 1725 ; 5 vol. *in*-12. v. f.

325 Hiftoire Métallique des XVII Provinces des Pays-Bas, par Van Loon. *La Haye*, 1732, 5 vol. *in-fol.* v. f. fig.

326 Hiftoire de Genêve, par Spon. *Genêve*, 1730, 2 vol. *in*-4.

327 Hiftoire d'Efpagne de Mariana, trad. par le P. Charenton. *Paris*, 1725, 6 vol. *in*-4.

328 Hiftoire du Cardinal Ximenès, par Fléchier. *Paris*, 1693, *in*-4. v. f.

329 La Vie de Philippe II. trad. de l'Italien de Gregorio Leti, par de Chevieres. *Amft.* 1756, 6 vol. *in*-12.

330 Mémoires pour fervir à l'Hiftoire d'Efpagne fous le Régne de Philippe V. par le Marquis de St. Philippe. *Amft.* (*Paris*) 1756, 4 vol. *in*-12.

331 Mémoires hiftoriques, politiques & littéraires, concernant le Portugal. *La Haye*, 1743, 2 vol. *in*-12.

332 Hiftoire d'Angletetre de Rapin Thoyras. *La Haye*, 1727, 16 vol. *in*-4.

333 Hiftoire d'Angleterre de M. Hume, trad. par l'Abbé Prevoft. *Paris*, 1761, 18 vol. *in*-12.

334 Hiftoire des Révolutions d'Angleterre, par le P. d'Orléans. *Paris*, 1750, 4 vol. *in*-12. fig.

335 Hiftoire de la Rébellion & des Guerres civiles d'Angleterre, par le Comte de Clarendon. *La Haye*, 1764, 6 vol. *in*-12. v. f.

336 Hiftoire de ce qui s'eft paffé de plus mémorable en Angleterre pendant la vie de Gilbert Burnet. *La Haye*, 1735, 4 tom. en 2 vol. *in*-4. fig. v. ecc.

337 Hiftoire de Marie Stuart, Reine d'Ecoffe, ou Recueil de toutes les Piéces qui ont été publiées au fujet de cette Princeffe, par Jebb. *Londres*, 1725, 2 vol. *in-fol.* v. f.

338 Mémoires concernant Chriftine Reine de Suede. *Amft.* 1751, 4 vol. *in*-4.

339 Sam. Puffendorfi Commentaria de rebus Sueccis ab Expeditione Guftavi Adolfi ad abdicationem ufq. Chriftinæ, *Ultrajecti*, 1686, *in-fol.*

340 Hiftoire Militaire de Charles XII. par Adlerfeld. *Paris*, 1742, 3 vol. *in*-12. fig.

341 Mémoires du Régne de Pierre le Grand. *Amst.* 1740.
    5 vol. *in-12.*

342 La vie de Mahomet, par de Boulainvilliers. *Amst.*
    1731, *in-12. fig.*

343 Histoire de l'Empire Ottoman de Sagredo. *Amst.*
    1742, 7 tom. en 5 vol. *in-12.*

344 Histoire moderne des Chinois, Japonois, Indiens,
    &c. par l'Abbé de Marsy. *Paris*, 1754, 18 vol. *in-12.*
    dont 2 br.

345 Histoire de la Chine, par le P. du Halde. *La Haye*,
    1736, 4 vol. *in-4. fig. & un vol. in-fol. v. écc.*

346 Lettres au R. P. Parennin, Jesuite Missionnaire à Pe-
    kin, contenant diverses questions sur la Chine; nouvelle
    édit. augmentée de divers opuscules sur différentes ma-
    tieres, par M. Dortous de Mairan. *Paris*, *de l'Imp.*
    Royale, 1770, *in-8.*

347 Ambassade de la Compagnie Orientale des Provinces
    Unies vers l'Empereur de la Chine, par Nieuhoff. *Leyde*,
    1665, *in-fol. fig. m. r.*

348 Histoire du Japon de Kœmpfer. *La Haye*, 1729, 2 vol.
    in-fol. fig. v. f.

349 Histoire de la Conquête de la Floride, trad. de l'Es-
    pagnol de Garcilasso de la Vega, par Richelet. *Leyde*,
    1731, 2 vol. *in-12. fig.*

350 Le Curieux Antiquaire, par Berkenmeyer. *Leyde*,
    1729, 3 vol. *in-8. fig.*

351 Funerailles & diverses manieres d'ensevelir des Ro-
    mains, Grecs, &c. par Cl. Guichard. *Lyon*, 1581,
    in-4. fig. m. r.

352 Réponse à l'Histoire des Oracles de Fontenelle, par
    le P. Baltus. *Strasbourg*, 1707, 2 vol. *in-8.*

353 Bibliothéque critique, par de Samjore. *Basle*, 1709,
    4 vol. *in-12.*

354 Nouveaux Mémoires d'Histoire, de Critique & de
    Littérature, par l'Abbé d'Artigny. *Paris*, 1749, 7
    vol. *in-12. v. f.*

355 Bibliographie instructive, par G. Fr. de Bure. *Paris*,
    1763, 9 vol. *in 8. br.*

356 Plutarchi vitæ Parallelæ, Gr. & Lat. cum notis &
    emendat. & var. Lect. ex recensione August. Bryani : ac-
    cedunt Apophtegmata. *Londini*, 1729, 6 vol. *in-4. c.*
    m. v. m. f. d.

357 Les Vies des Hommes illuſtres , trad. par Amyot. *Paris*, 1678 , 4 *vol. in-8. l. r. v. ſ. d. ſ. tr.*

358 Cornelius Nepos, ex recognitione Steph. And. Philippe. *Pariſiis* , 1745 , *in-12. d. ſ. tr.*

359 Œuvres de Brantoſme. *La Haye*, 1740 , 15 *vol. in-12. v. m.*

360 Ecole Militaire , par M. l'Abbé Raynal. *Paris* , 1762 , 3 *vol. in-12.*

361 Dictionnaire hiſtorique & critique , par Bayle. *Amſt.* 1730 , 4 *vol. in fol.*

362 Dictionnaire hiſtorique de Proſper Marchand. *La Haye*, 1758 , 2 *tom. en un vol. in-fol.*

363 Nouveau Dictionnaire hiſtorique , par une Société de Gens de Lettres. Paris , 1772 , 6 *vol. in-8.*

ON vendra les Livres dans l'ordre ſuivant.

Mercredi 9 Septembre :

Depuis le n°. 1 juſqu'au n°. 90 incluſivement.

Jeudi 10.

Depuis le n°. 91 juſqu'au n°. 180.

Vendredi 11.

Depuis le n°. 181 juſqu'au n°. 270.

Samedi 12.

Depuis le n°. 271 juſqu'à la fin.